Made in the USA
Las Vegas, NV
13 December 2022

62260785R00061